CW00487178

AONGHAS MACNEACAIL

Rugadh Aonghas MacNeacail an Ùige an Eilein Sgitheanaich ann an 1942. Tha e ri bàrdachd is òrain, obair-naidheachdais, craoladh, sgrioptadh is filmichean. Chaidh cruinneachaidhean bàrdachd leis fhoillseachadh sa Ghàidhlig is sa Bheurla, agus tha a sgrìobhadh air nochdadh an irisean litreachais an Alba is gu h-eadar-nàiseanta. Chaidh a bhàrdachd a chraoladh air rèidio is telebhisean is tha e air a leughadh air feadh Alba, agus leugh e i agus dh'fhoillsicheadh i an iomadach ceàrn thall thairis. Ann an 1997 fhuair e Duais Stakis mar Sgrìobhadair Albannach na Bliadhna leis a' chruinneachadh *Oideachadh Ceart agus dàin eile / A Proper Schooling and other poems* (Polygon, 1996). Bhuannaich e Duais Ghàidhlig 2006 ann am Farpais Bàrdachd Wigtown leis an dàn 'An fhìor bheinn', agus ann an 2007 bha e am measg na fhuair duais ann am Farpais mhòr Bàrdachd Eadar-nàiseanta Bhéal Átha na mBuillí.

Aonghas MacNeacail was born in Uig on Skye in 1942. He is a poet and songwriter, journalist, researcher, broadcaster, scriptwriter and filmmaker. He has published collections of poems in both Gaelic and English and his writing has appeared in literary journals in Scotland and internationally. He has had poetry broadcast on radio and television, has given readings throughout Scotland and has toured and published extensively abroad. In 1997, he won the Stakis Prize for Scottish Writer of the Year for his collection Oideachadh Ceart agus dàin eile / A Proper Schooling and other poems *(Polygon, 1996). He was winner of the 2006 Wigtown Poetry Competition Gaelic Prize for his poem 'An fhìor bheinn', and in 2007 was among the prizewinners in the major Ireland-based Strokestown International Poetry Competition.*

MOLADH AIR *LAOIDH AN DONAIS ÒIG*

PRAISE FOR HYMN TO A YOUNG DEMON

'Cho lèirsinneach, ceòlmhor is cudromach ri Neruda. Gun teagamh, 's e seo an leabhar Gàidhlig as fheàrr dhen 21mh linn gu ruige seo. / *As visionary, melodious and important as Neruda. Without doubt, the finest Gaelic book of the 21st century so far.*' – Kevin MacNeil

''S e ceum cudthromach eile do bhàrdachd Ghàidhlig a tha san leabhar seo. Tha guth abaich a' bruidhinn rinn air mar a dh'fhiosraich e dòchas is aoibhneas sa bheatha seo. Tha glaodh fàidheil na thùs ga dhoimhneachadh 's ga lasachadh tro inneasan maotha gaoil, is le pìosan dìomhair san cluinnear mac-talla Litreachas a' Ghliocais. / *This book is an important addition to Gaelic poetry. A mature voice tells of finding life full of hope and joy. Its initial prophetic tirade is deepened and softened by tender expressions of love, and some mysterious pieces that contain echoes of Wisdom Literature.*' – Máire Ní Annracháin

'Bàrdachd a tha a' siubhal rathaidean ùra ar saoghail agus seann slighean a' chridhe 's na h-inntinn. Guth sònraichte a bha ro fhada air a mhùchadh – nach math 's nach glòrmhor an tilleadh! / *Poetry that takes us on the new roads of our continent and on old byways of the heart and the mind. The marvellous return of a unique voice too long unheard from.*' – Michel Byrne

laoidh an donais òig

hymn to a young demon

Aonghas MacNeacail

leis gach dùrachd

[signature]

Polygon

This edition first published in Great Britain in 2007 by
Polygon, an imprint of Birlinn Ltd

West Newington House
10 Newington Road
Edinburgh
EH9 1QS

www.birlinn.co.uk

ISBN 10: 1 84697 002 4
ISBN 13: 978 1 84697 002 3

Chuidich Comhairle nan Leabhraichean am foillsichear
le cosgaisean an leabhair seo.

British Library Cataloguing-in-Publication Data
A catalogue record for this book is available on request
from the British Library.

Typeset by Koinonia, Bury, Lancashire
Printed and bound by Bell & Bain Ltd, Glasgow

Do mo chlann, Rob is Galina, dham b' fheudar an ruighe eadar
mo dhà chànan a choiseachd

For my children, Rob and Galina, who have been obliged to walk
the ridge between my two languages

CLÀR-INNSE

CONTENTS

BUN, TRÌ GEUGAN, DUILLEAG THAR FHICHEAD

ROOTS, THREE BRANCHES, TWENTY-ONE LEAVES

tiodhlac feirge

---

the gift of anger

tiodhlac feirge

na h-uaislean is na h-eilthirich
nach iad a rinn an sgrios oirnn

na h-uaislean is na h-eilthirich
nach iad a rinn am feum dhuinn

the gift of anger

the gentry and the foreigners
was it not they who crushed us

the gentry and the foreigners
was it not they who saved us

chunnaic mi measg nan ubhal thu

o mhàthair mo chuimhne
chunnaic mi measg nan ubhal thu
gleusadh na craoibhe
's do smuaintean air mìlseachain

ged a leugh
searmonaiche dubh do thòrraidh
an sgial ud mu eubha 's an ubhal is
mealladh nam fear

ged a sgàineadh do sgial-s'
eadar aon ghaol is banntrachd –
thusa nach tàladh ach
's dòcha ròs no smeur maoth
à dris an gainntir creige

ged a chanainn gur tusa tha labhairt
nuair a tha m' iarrtas
airson do ghuth a chluinntinn
's e tha labhairt ach *thusa nam chuimhne*
's na mo chuimhne cha tuirt thu mòran riamh
nuair a bha an t-àm ann airson labhairt
mar eubha an dèidh a' ghàrraidh
(san sgial a fhuair thu
ann an sgoil an aona leabhair
's na h-innse)

i saw you among the apples

o mother of memories
i saw you among the apples
pruning the trees
your thoughts on sweet things

though the text
the black preacher who buried you
took was the one about eve and the apple and
the temptation of men

though *your* story divides
between one love and widowhood –
you who'd entice no being except
perhaps a rose or a soft blackberry
from a thorn in its rocky prison

though i'd say it's you who are speaking
when my wish is
to hear your voice
who speaks is *you in my memory*
and in my memory when it was time for
speaking you seldom said much
like eve after the garden
(in the story you were given
in the school of the one book
and the tellings)

trì nithean

bradan à linne
fiadh à frìth
craobh à coille

trì nithean
nach meàirle
ghabhail o nàdar

cearc-fhraoich is bradan is fiadh
… is fearann is fearann is fearann

cò leis iad
cò ghoid iad

cò leis iad
cò ghoid iad

cò leis iad
cò ghoid iad

three things

salmon from the pool
deer from the moor
tree from the wood

three things
it's no crime
to take from nature

grouse and salmon and deer
… and land and land and land

whose are they
who stole them

whose are they
who stole them

whose are they
who stole them

eadar thu fhèin 's an labhairtear pàrtaidh

cho seòlta ri –

sguab ruadh
d' earbaill a' smèideadh
do shoraidh shiùbhlaich
le gàbhadh

cho seòlta ri –

briathran do shealgair
a' slìobadh fhuilt
a-mach às a shùil 's
ag amas air a' bheàrn
a dh'fhàg thu

cho seòlta ris
an deasbad eadar
làmh dheas is làmh chlì –
cò tha ceàrr, cò tha ceart,
's a bheil innse anns an taobh
dha bheil a' bhil a' sìneadh

eil tìd' air fhàgail
dhutsa, chreutair,
nad fhalach-fead
sìorraidh acrais,
do phlathadh fiata
eadar cnàimh is urchair

between yourself and the party spokesman

as cunning as –

red brush
of your tail waving
your swift goodbye
to danger

as cunning as –

your hunter's words
stroking his hair
out of his eye as he
aims at the space
where you were

as cunning as
the debate between
right hand and left hand –
who is wrong, who is right,
is there a hint in the side
to which the lip inclines

is there time left
for you, dumb beast,
in your hunger's endless
hide and seek,
your anxious glances
between bone and bullet

cha b' fhathann

air an rèidio,
tha na gunnaichean
ag èigheach
eil thu staigh
eil thu staigh
mar as àbhaist
gu murtail

anns an leabhar,
tha na lidean gaoil
a' sileadh
bhoinnean ruadha

taobh a-mach na h-uinneige,
raon falamh,
ach gu bheil
fuaim nam buabhall stàilinn
taobh thall a' chnuic

cùl an darais mhòir,
na h-uilt loma cnàimhnich
cho fìnealta mun pheann,
deas, buileach deas, airson
màrsail thar na duilleige

no rumour

on the radio
the guns
are shouting
are you in
are you in
as usual
murderously

in the book,
the syllables of love
are oozing
red drops

outside the window,
an empty landscape
except for
the sound of steel buffaloes
beyond the hill

behind the great door,
the bare knuckles of the skeleton
so graceful round the pen
ready, utterly ready, for
the march across the page

am fìor mhanaifeasto

an eaconomaidh

tha sinn cho sultach, *ars thusa ri*
baile nan cnàimhneach

gnìomhachas

deasaichidh sinn
airson an t-saoghail ùir thu

seo do chaibe
seo do dhèile

dìon

tha feum air ar laoich
son èiginn ('s dòcha) is ga-rìribh
ann ur n-uairean slaodach

cèineachd

brisidh sinn claigeann
troiche uabhasaich, eagal 's gu
sèid e oirnn le anail fuamhaire

foghlam

sgrìob d' ainm air sglèat
àireamhaich tàirngnean
leugh do chunntas

the real manifesto

the economy

we're so well off, *says you to*
the city of skeletons

trade and industry

we'll prepare
you for the new world

here's your spade
here's your plank

defence

we need our heroes
for emergencies (perhaps) and certainly
when there's time on your hands

foreign affairs

we'll crack the skull of
some terrible dwarf, lest he
blast us with giant's breath

education

scratch your name on a slate
enumerate nails
read your invoice

taigheadas

seall cho saor 's a tha thu
mullach do dhachaigh
de lìon sgaoilteach an àile

slàinte

seo an lannsa
sìn do sgòrnan
a-mach

ged a tha an t-snàthad
caran meirgeach
fuaighilidh sinn thu

na h-ealainean

gabh rabhd

lagh is òrdugh

nì sinn prìosan
dhe do bhaile

craoladh

ma dh'innseas iad an fhìrinn
abraidh sinn *breug*

ma dh'innseas iad breug
chan e bhreug againne bhios ann

housing

consider how free you are
the roof of your home
a great spread net of air

health

here's the scalpel
stretch your throat
out

though the needle's
a bit rusty
we'll stitch you up

the arts

sing a jingle

law and order

we'll make a prison
of your town

media

if they utter truths
we'll say *lies*

if they tell lies they
certainly won't be our lies

air soitheach nam peann gu baile nan slige

mar gum b' ann air sgàthan a bha sinn a' seòladh
dè chunna tu nad anam fhèin
sìth thar iomall fàire, anns na dùthchannan a dh'fhàg
sinn, ris a' ghualainn eile faileas dùthcha,
beanntan creagach geala loma sìos an còrsa
sìos an còrsa clach-aoil is deàrrsadh grèine
pòsta sna ruighean spealgach neoichiontach
's ged a bha na lic chorrach ud a' deàrrsadh oirnne
ann an sàmhchair san robh seòrsa de ghàire
rinn iad deàrrsadh bàis an àm a' chuthaich ...

bha 'n long san robh sinn na cruinne fuadain, bha i
mar aisling a' siubhal gu madainn lasrach, gun stàth
air chuan cho càirdeil ri leabaidh pàiste
's a' ghrian air na lic a' deàrrsadh am fathann a-nuas
am measg nan cànan air long nan dùthchasachd

thàinig dreathan air chuairt le fios na dhualchainnt
fhèin, is shiubhail e mach thar a' chuain thar a' chuain
agus shiubhail ar soitheach air an rèidhlean ghorm
gu còmhdhail *làraich is dàin*, far a bheil bròn na fhiùran
craoibhe de sheòrsa ùr agus eagalach, agus cridhe na
luinge bualadh *druma-gunna druma-gunna* gun tàmh,
's beag iongnadh ged a bha glaic na h-eanchainn air
lìonadh le fuil bhreisleach, *druma-gunna druma-gunna*

sìth ma-thà, ann an iomradh ollamh nan cànan, a h-aithris
a fianais cho glan cho rèidh ris a' chuan air an robh sinn
a' seòladh, air clàr grianach an t-soithich seo bha mi ag
èisteachd ri guth rèidh gun mhab, dìreach ri slat stàilinn

on the ship of pens to the city of shells

as if we were sailing on a mirror
what did you see in your own soul
peace beyond horizons in the lands we embarked
from, on the other shoulder shadow of a land,
bare white stony peaks down the coast
down the coast limestone and dazzling sun
marry in the splintered innocent ridges
and though those rugged slabs flashed on us
with a silence that bore a kind of smile
they flashed death down in the time of frenzy ...

the ship we travelled on was a world astray, it was
like a dream sailing to a morning of flames aimlessly
on a sea as companionable as an infant's bed
and the sun on the flashing slabs sent their rumours down
among the languages on this ship of nationalities

a wren came calling with reports in its own dialect
then went fluttering out across the sea the sea
and our vessel travelled on the blue plain
to the congress of *place and destiny*, where grief is a
young tree of a new and terrifying kind, and the ship's
heart beats *drummer-gunner drummer-gunner* endlessly,
little wonder the hollows of the mind were filled with
delirious blood, *drummer-gunner drummer-gunner*

peace then, in the language professor's account, her telling
her witness as clean as level as the sea on which we were
sailing, on this ship's sunny deck i was listening
to a clear voice without hesitation, straight as rod of steel

ciallach ri glainne, ri glainne, a' dealbh nan slighe ghabh
i tro chrìochan sgàinte na dùthcha, a dùthaich fhèin,
làrach a prìomh-ghal, ceàrnan nan tobhta, taigh caraid is
nàmhaid nan càirn, nan càirn ionann, nan càirn, dà fhios
anns gach brataich, uaill agus dùbhlan, ach leughadh
grèis eile dhan samhlan – *tha caraid a-nise 'n taigh nàmhaid*,
bha sgrios na bhritheamh gun taobh ann an tomhas
maoth rèidh guth ollamh nan cànan, air clàr rèidh na slighe
seo gu baile ruadh nan eachdraidh, nam beum 's nam bàs
far an deàrrs a' ghrian oirnn, le gathan glana gun urchair
ciamar nach do lùb a teanga, le criothnachadh, gu
càirdean leam-leat a ghonadh, gu nàimhdean garg a sgrios

nuair a shileas e 'n seo, bidh bàrr a' chuain seo cho liathbhreac
ri bàrr cuain, bidh na stiallan boga cho drùidhteach, sàmhchair
a dhìth, togadh gaoth stuagh, bidh sùil gach iùileir dìleas dhan
fhàire – fo ghrian dhubh na fala, chan fhaicear sgial air fàire

sane as glass, as glass, her graph of journeys she made
through the riven borders of the country, her own country
land of her birth-cry, regions of ruins, friend's house and
enemy's in cairns, similar cairns, in cairns, two messages
in every flag, pride and defiance, but another sign's been
embroidered into their symbols – *friend now in enemy's house*,
destruction's an impartial judge, as measured by the gentle
level voice of the language professor, on the level deck of this
voyage to the red city of histories, of blows and deaths
where the sun would shine on us, with clean bulletless rays
how did her tongue not twist, with a tremor, to wound
every fair-weather friend, to destroy the acid enemy

when it rains here, the sea's surface is as grey-pocked as
a sea's surface, streams of rain as drenching, silence
absent, let wind raise the waves, every pilot's eye keeps faith with
horizons – under the bloody black sun there's no sign of horizons

an dèidh ar-a-mach tuisleach

air sràidean bharsàbha, tha na bùithnean fiata, bàn
agus margaidhean iomadach meanbha brùchdadh
thar lic sgàinte nan cabhsair

eadar an t-seann riaghailt is an riaghailt ùr

na h-uachdarain ùra tional air iomall nan gnìomh
len cùmhnantan ùra, snaidhte daingeann, nan dùirn

uachdarain lom-cheannach nan cabhsair a' gleusadh innleachd

bruadar am posnan

tha'n t-àite seo glas arsa
ollamh spaideil nam beach, a' coiseachd
ann an sgàile beachlainn àirde cloiche
far an do sheall e dhomh mil liath a bheatha
na feachdan fuara stiallach aige sìnt' air bùird
an dubh 's am buidhe fannaichte na phreasa cùmhnaidh
tha sinn uile glas ars esan *sluagh*
glas a th' unnainn, dùthaich ghlas

tha air atharnaich a' chreideimh rèidh
na seilleanan-saothrach a' cur ri uailleachd
bhoillsgeach òrach teampall ùr nam buadh agus
feachd nam manach aosta òg a-rithist le
leabhar dubh nan comhairle nan dùirn

20

FROM RED TO BLACK

after a hesitant revolution

on warsaw's streets, shops are shy, bare-shelved
while abundant miniature markets overflow
the footpath's cracked flagstones

between the old rules and the new

the new landlords gather on the hems of trade
with their new, air and watertight, contracts in their fists

the bare-headed landlords of the pavements hone their skills

a dream in posnan

this place is grey said
the elegant professor of bees, walking
in the shadow of the tall stone beehive
where he had shown me the pale honey of his life
his cold striped armies pinned up on boards
their blacks and yellows enfeebled in his safe cupboards
we are all grey he said *we are*
a grey people, a grey country

there, where the field of the level credo was fallow
worker bees add to the glittering golden
pride of a new temple of victories and
an army of ancient monks is young again with
the black book of commands in their fists

ceàrnag a' bhaile, tòrun: an treas latha dhen chèitean
(latha a' bhun-stèidh)

ann am baile chopernicuis
e fhèin anns a' chlachaireachd
a shùil ris a' ghlainne
cha b' e deàrrsadh reul
a bha tomhas mo shùl-s'
ach èideadh grèis nan easbaig
mar a bha cumhachd a' deàrrsadh
a-mach às gach snàithlean anns gach
lèine dhiubh

thar cuan luasganach chluasan
a' sìneadh 's a' sìneadh

margadh nan smuaint

air machair phòlainn

ged nach ruigeadh an cabhlach mòr
na h-achaidhean rèidhe seo gun chrìch
gun dìg no cnoc,
a thighearna nan cath,
na sàilean a bhris ri caismeachd
an sùgh ruadh nad adhbhar
thar raon leas na dùthcha seo,
's beag an t-iongnadh ged a bhiodh
am feur fhèin a' caoineadh
is freiceadain mhaotha nam measghart
a' cromadh an guailnean
cha b' ann ri cuimse gunna
ach fo shèiste bròin

market square, torun: on the third of may
(constitution day)

in copernicus' town,
himself in the stonework
his eye to the telescope
it wasn't the blaze of stars
that measured my eye
but the embroidered dress of bishops
how power blazed out
from every thread in every
shirt of them

over a sea of restless ears
reaching reaching

a market of thoughts

on the polish plain

though great navies could not reach
these level fields without end
without ditch or rise,
o lord of battles
how many heels in battle spilt
their red sap in your name
across this land's good earth,
little wonder though
the grass itself should weep
while in orchards benign sentries
bend their shoulders
not to the gun-sights
but under siege from grief

fiù 's ged a bhiodh tu dall

èist ri
guth binn an iarla
èist ri
guth binn an tràill

cò an t-iarla
cò an tràill

even if you were blind

listen to
the earl's sweet voice
listen to
the slave's sweet voice

who is the earl
who is the slave

laoidh an donais òig

a dhonais òig, dè 'n dath a th' ort,
an e dubh,
an e dath èalach na nathrach,
an e ruadh buan fuilteach na lasrach,
an e corcar rìoghail do shinnsearan

a dhonais òig, ciamar a fhuair thu do chliù
's tu cho fiata ann a shin,
air do bheing mhodhail,
cha leaghadh lòineag air do theanga

agus, a dhonais òig, cho còir 's a bha thu,
mar a tharraing thu dreach beò
à sgleò luaineach mo bhruadair,
mar a chroch thu mo dheòin
na duilleach glan gorm
an craobh rag mo chogais

a dhonais òig, chan fhaca mi fhathast thu
sàthadh broillich, goil gobhail,
goid pòig no bìdeadh tòine,
chan fhaca mi dannsa measg nan dannsair rùisgt' thu,
fèill nam buaireadh, cha chuala mi
do dhruma bualadh, fèill nan tathaich,
chan eil iomradh ort a' slìobadh
nan cìoch sùithte ri linn nan ìobairt,
chan fhaca mi fhathast leanabh ga do leantainn
tro choilltean nan tiolpadh, nam fochaid,
cha do chuir thu cluaran frionais eadar
luchd-suirghe na mo lèirsinn,

hymn to a young demon

young demon, what's your colour,
is it black,
is it the writing colour of snakes,
is it the eternal red of the flames,
is it the royal purple of your ancestors

young demon, how did you get your reputation,
sitting there so timidly
on your well-behaved bench,
a snowflake wouldn't melt on your tongue

and, young demon, how kind you were,
the way you drew a living shape
from the restless cloud of my dream,
the way you draped my desires
like clean green foliage
on the stubborn tree of my conscience

young demon, i've yet to see you
pierce a breast, ignite a crotch,
steal a kiss or nip an arse,
i haven't seen you dance among the naked dancers
at the feast of temptings, i haven't heard
your drum beating at the feast of hauntings,
there's no account of you stroking
the sooty breasts at the time of sacrifices,
i've yet to see a child follow you
through the woods of pilferings and catcalls,
you've never sowed a fretful thistle between
lovers in my presence,

na feannagan na feannagan na feannagan
a leigeadh tu mu sgaoil eadar an craitear
's a chuid foghair, eadar
am misgear 's a ghlainne lainnireach,
an spìocair 's a phigheann liath,
na feannagan, na feannagan,
tha iad fhathast a' neadachadh

a dhonais òig, eil thu cleith d' fhìor nàdair,
eil thu mar a h-uile donas eile,
eil do làmh na mo sporan
fhad 's a tha thu gealltainn dhomh toradh

the crows the crows the crows
you might set loose between the crofter
and his harvest, between
the drunkard and his glittering glass,
the miser and his mouldy pie,
the crows, the crows
are still nesting

young demon, do you hide your true nature,
are you like every other demon,
is your hand in my purse
while you promise me prosperity

an tionndadh eile

---

the other turning

an tionndadh eile

nuair a dh'fhàg mi a' choinneamh ud
leth beatha air ais, lean i mi
anns na càirdean air an robh na brògan
cinnteach, a ghabh an tionndadh eile
bhon a' choinneimh, air an rathad chumhang
eadar ballaichean àrda nan daras buaireanta
's iad a' giùlain seirmean cruaidhe na coinneimh
nan cuimhne, lean iad mi air feadh mo
smuaintean 's mo shaoghail, cha b' ann
ri mo ghualainn ach shìos ann a shiud, bhuam,
dorchadasan a' taibhseadh tron dubhar
dannsairean ciontach sàmhach gun ghàire,
nam bainnsean eadar bhìobaill is teagamh
eadar chreideamh is dòchas, eadar cinnt
agus cinnt agus teicheadh, mar chaoraich
eadar faing agus sgian agus soisgeul, mar
òighean gliocais, an cìochan làn shearmon
eadar feadain breith agus bodhràin bàis

cha chùm mi thu ars am maraiche àrsaidh
ach samhail mo sgeòil-sa th' agad, 's a ghrèim
air mo mheuran mar gum biodh sruth dìomhair
ga tharraing air falbh, *cha do chuir e càil orm*
cha do chuir e càil orm, is a ghrèim air mo
mheuran, an casad na ghruaidhean, a ghrùthan
air lobhadh 's a shùilean leaghte –

cha b' e siud mo chuimhne-sa, bha na faclan
iomlan ud nan sgleòthan cloiche, eadar gàire
ceòlmhor, suaineadh deòin, is a' ghealach uailleach
nach èist, ach bha ghàire na piseag

the other turning

when i left that meeting
half a life ago, it followed me
in the friends who wore the certain
shoes, who took the other turning
from the meeting, on the narrow road
between high walls with tempting doors,
carrying the meeting's hard harmonies in
their memories, they followed me through
all my thoughts and worlds, not
at my shoulder but down there, apart,
darknesses ghosting through the deep night,
guilty dancers, silent without laughter,
in their weddings of bibles and doubt,
between faith and hope, between certainty
and certainty and flight, like sheep
between fank and knife and gospel, like
wise virgins, breasts full of sermons,
between birth's flutes and death's bodhrán

i'll not detain you said the ancient mariner
but that's the mate to my story, and he gripped
my fingers as if a secret flood was
dragging him away, *it had no effect on me*
it had no effect on me, and his grip
on my fingers, the cough in his cheeks, his liver
rotted, his eyes molten –

that wasn't how i remembered it, those perfect
words were stone clouds, between melodic
laughter, sinuous desires and the haughty un-
listening moon, but laughter's a kitten

ged a bha taod air an teanga, b' e cho fialaidh 's
a bha iad, cho càirdeil, nam brògan cho cinnteach –
b' ann sa mhogais a b' fheàrr leam an cèilidh

if their tongues were haltered, their welcoming
warmth endured, though the shoes were certain –
the ceilidh's best when slippers are worn

càit air an t-saoghal

do h.b. agus j.s.

I

fios dhuibh, a thaistealaichean,
le siubhal nam bradan
sa chuimhne,
leis an fhios gu feum gach
luaireag 's dreathan ithe,
leis an fhios gu feum gach
sionnach teicheadh bho
na madaidhean, uaireannan,
le fios gu faod coilltean
deudan a chleith,
le fios gun tilg beanntan
creag às ar dèidh,
gu fàg plèan a cùrsa,
gun geàrr faobhar meur,
gun caith cagailt gath,
leis an fhios gu feum gach
taistealaiche tighinn
thairis air a chrìochan,
leis an fhios gu feum gach
taistealaiche tàmh a ghabhail,
uaireigin,
's gu faigh am fios seo
cairidh far an glacar e –

where on earth

for h.b. and j.s.

I

a note for you, travellers,
salmon's journeys
remembered,
knowing that every
wren and petrel eats,
knowing that every
fox must flee
the hounds, sometimes,
knowing that forests
conceal fangs,
knowing that mountains may
throw stones at us,
that planes leave their flightpaths,
that blades may cut limbs,
that hearths may fling darts,
knowing that every
traveller must come
back across borders.
knowing that every
traveller must rest
at some time,
knowing this note will swim
into your weir's embrace –

2

càit air an t-saoghal
a bheil sinn an-diùgh,
eadar fàinne deighe 's
cearcall na grèine
gach aon ann an saoghal eile,
saor agus
sgàinte bho chèile?

3

cur thairis le cuimhneachain
cur thairis le buidheachais
cur thairis le dòchais gun cluinn sinn
an abhainn ghàireachdail ud
a-rithist, a dh'aithghearr, 's
gu faic sinn an teine ceudna
càirdeil ud cho luath 's
a ghabhas e, 's gach
taistealaiche cruinn
mun cuairt na ceiste –

4

càit air an t-saoghal – ach
ann an seo – son an tiota
seo – glaic bhinn
fhasgach ar deòin?

is an daras a' smèideadh?
agus an cniadachadh?

2

where on earth
are we today,
between a ring of ice and
the sun's circle
every one in another world,
free and
cut off from each other?

3

flooded with memories
flooded with gratitudes
flooded with hopes we'll hear
the laughing river
again, and soon, and
we'll see the same friendly
fire again the moment
it kindles, with all the
travellers gathered
around the question –

4

where on earth – but
here – for this
moment – sweet sheltered
dell of our desires?

while the door beckons?
and the open arms?

lupercal

air latha pòr gaoil
biodh an cridhe sileadh
smuaintean tlàtha
fuaran bhàidhean
biodh an cridhe sireadh
chuantan àighe
air latha pòr gaoil
biodh a' phòg
nas maille na na h-uairean
nas mìlsich na na gaoithean
's ged a thigeadh
faobhar air an oiteag
biodh sinne dìon
an iathadh a chèile
mar dhà choinneal làn
a' lasadh a chèile

lupercal

on love seed day
let the heart shed
warmest thoughts
fountain of love
let the heart seek
oceans of joy
on love seed day
let the kiss be
slower than the hours
more honeyed than the winds
and if an edge
come on the breeze
we'll be secure
in one embrace
as two whole candles
light each other

òran cèile

do gherda

chan fhaca mi latha nad ghnùis
on a' chiad sealladh àlainn
do mhaiseachd gach madainn às ùr
gam chlisgeadh 's gam thàladh

cha chuala mi càil ach do chliù
bhom eòlaich 's mo chàirdean
is fhuair mi gu cinnteach, nan diù,
aona phrìomh leug a' ghàrraidh

an gaol a bha neoichiontach òg
a-nise na shaidhbhreas
cha chaillte le cuimhne aon phòg
a shuath mi led aoibhneas

an leanabh tha fàs air do ghlùin
dìon o bhòcan is taibhse
fàs sult às do mheanmna 's do shùrd
tha do bhith dha mar lainntear

ged a dh'iarrainn dhut beatha gun chràdh
tha lus driseach sa phòsadh
ach sireamaid toradh nam bàidh
ruadh ri dearcan nan ròsa

mar bhàta tha socair nad shùil
cur lìon na do dhoimhneachd
tha mi biathadh air sgaothan do rùin
do chuan dhomh mar oighreachd

42

song for a spouse

for gerda

not a day have i seen in your face
since i first glimpsed its beauty
your loveliness each day so fresh
it starts and beguiles me

i've heard not a word but your praise
from friends and relations
their certainty that i have won
the best gem in the garden

the love that was innocent young
is now a great richness
while memory treasures each kiss
that your joy laid upon me

the infant that grows on your knee
safe from ghosties and bogles
he thrives on the art of your mind
your being's his lantern

though i'd wish you a life without pain
thorny blooms go with marriage
let's look for the harvest of love
fresh as rose's red berries

as a fishing-smack floats in your eye
casting nets in its deepness
your affection's the shoal that i trawl
you're the wealth i'd inherit

an t-aingeal tha buileach gun ghò
chan fhaigheadh bhuam annsachd
oir b' fheàrr leam do fhrionas, do dheò
do shunnd airson dannsa

chan fhaca mi latha nad ghnùis
on a' chiad sealladh àlainn
tha do ghaol dhomh na acair 's na stiùir
cur grèis anns gach là dhomh

chan fhaca mi latha nad ghnùis
on a' chiad sealladh àlainn
chan fhaca mi latha nad ghnùis
on a' chiad sealladh àlainn

an angel who stands without fault
would not win my blessing
i'd rather you fretful alive
with your urge to be dancing

not a day have i seen in your face
since i first glimpsed its beauty
your love is my anchor my helm
all my days take its pattern

not a day have i seen in your face
since i first glimpsed its beauty
not a day have i seen in your face
since i first glimpsed its beauty

craobh na bliadhna

an dèidh a saothair
faic craobh àrd na bliadhna
a' caitheamh a h-aodaich

a h-anail air mhùchadh
agus lùireach a geugan
ann am pasgadh na dùbhlachd

a cridhe air seacadh
fo sgàilean geal reòthta
fo chuillseanan sneachda

thar lèirsinn a gluasad
àm tionndadh na grèine
gu sèist mheanbh an fhuasglaidh

the year's tree

after her labours
see the year's high tree
cast off her clothing

her breath has been stifled
the rags of her branches
wrapped up in the dark month

her heart is now withered
under white frozen veils
under great quilts of snow

beyond vision her movement
when the sun starts to turn round
tiny song of unfolding

lili marlene sna h-eileanan siar

mar chuimhneachan air maria magdalena von losch/marlene dietrich
27/12/1901–6/5/1992

eadar an t-sùil is a' ghrian
tha do cheann mar uillt feòir

ged a tha an cridhe tha gad fheitheamh
sgàinte
agus a' ghualainn air an do gheall thu sìneadh
leònte le
peilear a thilg do bhràthair (à gobhal craoibhe)

's ged a tha an druim cho aosta 's a bha thu fhèin
an-diugh, nuair a leig thu d' anail bhuat,
's ged nach do laigh an gàirdean riamh air do ghualainn
an uair ud no bhon uair ud, nuair a bha thu na do reul
do gach aigne anns a' cheathach ghleadhrach fhuilteach

's ged a tha an aon sgrìob seo air a treabhadh
's air a treabhadh, ron a siud agus riamh on uair sin
's ged a bha am pòsadh gaolach,
bha thu riamh, a mhairlène, mhairlène, nad eige dhan a' chluais,
d' òran tiamhaidh a' tàladh na cuimhne,

agus an-diugh,
shil an t-sùil sgleòthach deur
dhan a' chèile ghaolach, agus dhutsa,
a lilidh, a mhairlène,
a lili mhairlèin

lili marlene in the western isles

in memoriam maria magdalena von losch / marlene dietrich
27/12/1901–6/5/1992

between the eye and the sun
your head is like streams of hay

though the heart that awaits you is
torn
and the shoulder on which you promised to lean
wounded
by a bullet your brother fired (from the fork of a tree)

and though the back is as ancient as you were
today, when you dispensed with breath,
and though the arm never rested on your shoulder
then, or since then, when you were a star lighting
every imagination in the sulphurous bloody clamour

and though this same familiar furrow has been ploughed
and ploughed, before then and ever since then
and though it was a loving marriage,
you were always, marlene, marlene, a web to the ear,
your wistful song luring the memory,

and today,
that dulled eye shed a tear
for the beloved wife, and for you,
o lily, o marlenè,
o lili marlene

cumhachd gaoil

do dh'alba, do dh'alba, dùthaich nan sneachda leaghtach,
nan deàrrsadh-grèine tuaireamach, nan gaoth bòstail,
far a bheil creagan fuara, creagan sgealbach is creagan brisg

mura b' e dealan-uisgeach mo ghaoil
glacadh nan sruth as àirde om bhroilleach
bhiodh do chasad na bu ghairbhe, bhiodh
tu faondradh air sgeilpean àrda nam fireach,
anns a' cheathach bhriathrach mheallta,
am measg maotharain shuaineach na feamann
(aon t-sùil a' meas prothaid agus sùil a' gearain
nan nathair measmarach mu do ghlùinean)
tha do chairt-iùil làn de shanasan ag ràdh
an rathad seo agus an rathad seo eile
dha na trì chinn-uidhe air nach eil aon chinnt
agad gu bheil do mhiann airson ruigheachd,
nam biodh cinnt agam na do chinnt, bhithinn
air do charbad a' seinn còmhla riut nan òran
ùr agus àrsaidh, leud a' chuain lèighsich, cho fada caol
ri snàithlean smugaid, ach 's ann a bha thu mar
gum biodh tu diùltadh each agus cairt dhut fhèin
ann an làithean na gainne, rocaid chun na gealaich
san àm stròidheil nach dìochuimhnich sinn, pòg
na h-aontachd, pòg choma na gaoithe, cha robh càil
ri bhith soirbh dhut, b' fheàrr leat a' chuibhle chrùbach,
chuireadh tu do bhràithrean sìos a mheanach na
cruinne, dhan duslach bhruthainneach chnàmhach
chuireadh tu do bhràithrean thar thonn a thoirt leug
am beatha, clach-tharraing do mhiann, a-mach à
stalla nan stuagh, chuireadh tu do phiuthar a-null

the power of love

for scotland, scotland, land of melting snows,
unpredictable sunshines, boastful winds,
of the cold rocks, the splintered rocks, the brittle rocks

but for the hydro-electricity of my love
catching streams from the heights of my chest
your cough would be rougher, you'd be
wandering on the high ledges of the peaks
in the plausible deceptive haar,
among the twining tendrils of seaweed
(one eye spots profit, one complains of
hypnotic snakes about your knees)
your atlas is full of signposts saying
this way and this other way
to the three objectives which you are
not even sure your wish is to get to,
if i could be sure you were sure, i'd be
in your car singing with you the songs,
new and old, wide as the healing sea, long
and thin as a thread of spit, but it's when you
seemed to refuse a horse and cart in the
days of scarcity, rocket to the moon
in the prodigal time we'll not forget, the kiss
of union, the wind's indifferent kiss, nothing
should be easy, you'd prefer the crippled wheel,
you'd send your brothers down into earth's
belly, into the brutal consuming dust
you'd send your brothers over waves, to draw
the jewel of their lives, your desire's magnet, from
cliffs of water, you'd send your sister across

a dh'fhighe bhrataichean sonais leis na rìghrean,
a' mhadainn ud a dhùisg do shùilean, aighearach
is mòr le dòchas, a' suathadh bholtrach fìnealta
ri do bhroilleach gorm, gad ullachadh fhèin, gad
ullachadh fhèin dhan leannan bhriathrach mheallta,
dè nach do gheall thu bhiodh o seo a-mach na ghrèis
shubhach air bòrd neoichiontach do chloinn, an ceòl
ud air an fhidheall cho sean, eòlach 's gu robh thu ga
chluinntinn ann an guth stuaghach do mhàthar nuair
a bha thu lapach le sonas na h-uchd a' deothal a bainne
ist, ars thusa, *agus èist ris a' cheòl ud air an teud, nì sinn*
às ùr e, cuiridh sinn briathran ùr ris, cuiridh sinn fonn
ùr ris, suaicheantas buileach ùr, dealantach, deàrrsach
ach èist ris, na seann bhriathran, cuid dhiubh bun-os-cionn,
cuid an comhair an cùil, cuid air an lùbadh, cuid air an
sìneadh, is an ceòl – na bu luaithe, na bu mhaille, cha
d' rachadh faobhar ràsair, faobhar gaoithe, eadar na gheall
thu 's na dh'fhàg-thu-mas-fhìor, agus na pìobairean, gach
feadan a' cur a phuirt fhèin dhan fharpais, salm a' chogaidh,
sìobhalta, sìobhalta, 's nuair a thàinig àm na buaidhe, chuir
thu dòrn ri dòrn, is thug thu brag dhut fhèin, cha robh thu air
freagairt fhaighinn dhan a' chalculus ud far a bheil
an àireamhachd, an dèidh na puing, a' dol air adhart
ann am meanbhachadh … gu sìorraidh …

to weave banners of delight with kings,
that morning your eyes woke, joyous and large
with hope, smoothing exquisite perfumes into
your green breast, preparing yourself, preparing
yourself for the plausible deceiving lover,
what haven't you promised would succulently
adorn your children's innocent table, that music
on the fiddle so ancient, familiar, that you'd heard
it in your mother's tidal voice, when you were
limp with pleasure in her lap, suckling her milk
quiet, you say, *and listen to that tune on the harpstring,*
we'll make it new, put new words to it, a new tune
to it, an utterly new anthem, electric, radiant
but listen to it, the old words, some turned upside
down, some back to front, some bent over, some
stretched out, and the music, faster, slower, you
couldn't get a razor's, or wind's edge, between
what you promised and the presumed-abandoned, and the pipers
each chanter blowing its own tune into the contest, psalm of war,
civil, so civil, and at the time of triumph, you put
fist to fist, and whacked yourself, still without finding
answer for that calculus where
the figures, after the point, continue
to diminish ... to infinity ...

conaltradh nam bliadhna

èist ri sruth nam bliadhna
a' taomadh thar bhil nan creag
a' goil am boile an t-sluic

èist ri sruth nam bliadhna
dannsa thar nam mol clachach
crònan anns an linne shèimh

èist ri conaltradh nam bliadhna
ri do chuimhne, ri do dhòchas
dèan snàmh ann an àgh an t-sruith

conversation of the years

listen to the stream of the years
spilling over the lip of the cliff
boiling in the turbulent gorge

listen to the stream of the years
dancing over the stony shingles
humming in the still pools

listen to the conversation of the years
with your memory, with your hopes
swim in the joy of the stream

dèanamh ime

chan eil a shamhla ann –
tionndadh 's a' tionndadh a' ghileid òraich
am broinn dòrcha na h-eanchainn
ag èisteachd ri suirghe is
dealachadh is pòsadh
nan lid luasganach leaghtach
ag èisteachd airson nam boinne
blàthaich a' sileadh air falbh o
ghramalas òrbhuidhe dàin

making butter

there's nothing like it –
turning and turning the golden whiteness
inside the darkness of the brain
listening to the wooings and
partings and weddings
of soluble tossed-about syllables
listening for the drops
of buttermilk trickling away from
the golden-yellow firmness of a poem

innleachd

am binneas, an grèis,
a chàirdean, na firich àrd,
càrn-aire is còrn

artistry

their melody, embroidery,
friends, the high peaks,
marker-cairn and horn

BUN, TRÌ GEUGAN, DUILLEAG THAR FHICHEAD

AN TÌR BALBH

seòladh

dèan sgàile tìm
agus seas mu choinneamh,
mas fhìor do dheòin
thèid do ghiùlain troimhe

an-dè

seillean san fhraoch
a' trusadh 's a' seinn
o bhlàth gu blàth
air àirigh gun chrìch,
mar gum biodh an saoghal
gun òige no aois

cumail chàirdean

each deighe agus each teine
agus mathan donn a' ghlinne ghuirm
agus am buabhal naomh

cuid de dhìomhairean nan dream

bradan à linne
damh à frìth
craobh à coille

cuid de dhòchasan nan dream

ROOTS, THREE BRANCHES, TWENTY-ONE LEAVES

THE DUMB LAND

directions

make a veil of time
and stand before it,
if your wish is true
you'll be guided through it

yesterday

bee in heather
gathering, singing
from blossom to blossom
on an endless pasture,
as if the world were
without youth or age

keeping friends

horse of ice and horse of fire
and the brown bear of the green glen
and the sacred buffalo

among the peoples' mysteries

salmon from the pool
stag from the moor
tree from the forest

among the peoples' expectations

agus an sgòth de shoillse dubh
an lagh nach do thagh iad
mar chòta-cuthaich, mar ghainntir

eachdraidh

saighdear agus còt' air
còta bàillidh
còta cìobair,
tha a' chreach dall
do mheudachd sporain

aon seach aon

gabh an rathad eadar
na smuaintean, tha iad cho
cas, le chèile, an tè
a tha dubh agus an tè a tha
buileach buileach geal

dùthaich

tha do shùil mar thobar, cho glan
's gu bheil a ghrunnd mar mhol tràghad
ri soillse grèine,
gach èiteag saillte tioram deàrrsach,
tha eachdraidh tuatha na do bhùrn,
neart ùr dhan taistealaiche,
ceann-uidhe bradain

and the cloud of black light
the law they did not choose
like a strait-jacket, a gaol

history

a soldier wearing a coat
a bailiff's coat
a shepherd's coat,
plunder is blind to
a purse's measure

one or the other

take the road between
the thoughts, they are so
steep, both, the one
that is black and the one that is
altogether absolutely white

country

your eye like a well, so clean
its ground is a shingle beach
in sun's bright heat
each salt pebble dry dazzling,
there's a people's story in your water,
fresh strength for the traveller,
salmon's destination

dòbhran is duine

ma roinneas sinn
an linne seo
tha bradan dhuts' ann
tha bradan dhòmhsa

otter and man

if we share
this pool, there's
a salmon for you
a salmon for me

dàl riata

do mhachraichean leathann
do mhachraichean arbhair
do sgeòil ann an clach agus
d' ùrnaighean gràin-chloiche
àrd agus sìnte

do chòmhraidhean dìomhair
le gealach is grian

agus
do sholas a' deàrrsadh
aig samhain aig bealltainn
a' sealltainn an rathaid

aig crìochan do mhachair, a' choille
is faram nan tuagh

cùil lodair

caorann ruadh
air faich nam bàs
nam bruadar

ach fhathast sa chuimhne
tha claidheamh glan
na chrann san fhonn

SCOTLAND

dalriada

your widespread plains
your widespread cornfields
your stories in stone and
your granite prayers
erect and reclining

your secret conversations
with moon and with sun

and
your lamps blazing
at samhain and beltane
lighting the road

at the edge of your plains, the forest
and slashing of axes

culloden

red rowans
on the field of deaths
of dreams

but still in memory
a clean sword
ploughs good earth

innleachd

glas cau

anns a' ghlaic ghorm seo
dh'èirich luingeas mar dhuilleach
duilleach stàilinn a' sgaoileadh a-mach
thar nan cuan

lìon a' ghlac le
ceathach stàilinn,
aodainn cho liath ri
aois

cluaidh

eil cuimhne eil cuimhne
cruinn-togail mar chorracha-liath
treud air spiris an t-sruith
a' togail neadan stàilinn

mar a thog iad air falbh
aon an dèidh aoin
gun isean a chaoidh

invention

glasgow

in this green hollow
shipping grew like leaves
leaves of steel spreading out
across oceans

the hollow filled with
a fog of steel,
faces as grey as
age

clyde

is there memory, memory
shipyard cranes like grey cormorants
a flock perched by the stream
building nests of steel

how they took off and flew
one by one
not mourning their chicks

damh is sealgair – am machair mòr

seall orm 's mi 'g amas mo shaigheid,
thoir dhomh cliù do lèirsinn
's do bhàs na mo rùn

ma tha m' urram nad anam ag èirigh
tha mi cinnteach gun aithnich do dhream
's gun till iad

ùrnaigh

chuir mi saighead dhan speur,
cha do mharbh i
iolaire no dia

nuair a ràinig i àirde nan àirde
chaidh i na lasair, a' boillsgeadh
thar àrd-bheann thar chuan

thug dannsa 'n t-soillse
am bradan gu bàrr na linne
's an damh gu bàrr cnuic,
nan iongnadh,

ghlac mo dhream-sa aire nan creach
is lìon iad an stòr

AMERICA

stag and stalker – the great plains

look at me as i aim my arrow,
give me the respect of your glance
as i shape your death

if my honour rises entwined in your breath
i'll be certain your kind will know it,
that they will return

prayer

i put the arrow in the air
it killed neither
eagle nor god

when it reached its utmost height
it became a flame, blazing
over high peak and ocean

the dance of light brought
the salmon up to lake surface
the stag astride ridge
in wonder,

my tribe caught the eye of their prey
and took a winter's meat

monaidhean dubha dhacota

ma ghearras tu seice nan cnoc seo
na do shannt airson òr
sgàinidh tu m' anam

coup

thug mi sgleog do
chlaigeann òg calgach
sàr-churaidh mo nàmhaid
is thill mi gu m' fheachd fhìn
le gàire

thug mi coinnean à doire
is dh'fhàg mi an treud ann
nan seinn is nan dannsa

black hills of dakota

if you cut the skin of these hills
in your greed for gold
you'll pierce my soul

coup

i gave a skelp to
the young maned head of
my enemy's bravest brave,
returned to my own band
laughing

i took one rabbit from a copse,
let the warren continue
its singing, its dancing

HOCAIDO

an latha sèimh ud

cha tàinig na mathain a-mach às a' choille
's a' choille mar bhian air na beanntan
a calg gu crìochan na h-aibhne

choisich sinn mol geal na h-aibhne
mi fhìn is tu fhèin, is
am mathan beag bàn, ar pàiste

còmhdhail nam bàrd, aig taigh chida-san

am measg achaidhean buidhe arbhair
toradh de bhriathran
ag èirigh dhan iarmailt,
sgaoth mòr lon-dubh, a' seinn

taigh na h-èidhne lèithe

dealan-dè san t-seann t-sabhal ùr
a' dannsa mar
bhlàthan a' sgaoileadh
dàn an dèidh dàin an dèidh dàin

na lean

fada cian bhon
chraobh eòlach
cuiridh an duilleag
freumhach eile
san talamh ùr

that tranquil day

the bears did not come out of the forest
the forest that lay like a skin on the mountains
its fur to the banks of the river

we walked the river's bleached pebbles
you, and i, and
the little blond bear, our infant

poets' congress, at the house of chida-san

among yellow fields of corn
a harvest of words
ascends to the sky,
a great shoal of blackbirds, singing

the grey ivy house

butterfly in the new old barn
dancing like
blossoms scattering
poem after poem after poem

what followed

far, so far from
its familiar tree
the leaf will grow
another root
in the new earth

beanntan hidaca

tha mathain is luchainn is fèidh
a' seinn òrain am beatha
sa chalg ghorm
tha na bradain a' streap
tro àgh nan eas

bheir an duine
ceadas dhan duine

ainu

tro cheathach, tro chreag
chun a' bhaile tasgaidh
taigh-tughaidh is mathan is bradan,
gach nì a bha naomh na chleas
dhan luchd-turais,
a' chànan na fuidheall
a' priobadh mar dhuilleag gun shùgh
air oiteagan foghair,
ach aona ghas feòir
cho gorm ri dòchas

dualchas

san talla fodair seo
air an ùrlar àrd seo
nì mi dannsa dhut
(is tu air thuras)
(m' aoigh urramach)
nì mi dannsa dhut
na mo sheice mathain

hidaka mountains

bears and mice and deer
sing the songs of their life
in the green fur
salmon climb
through the joy of waterfalls

a man issues
permits to a man

ainu

through fog, through rock
to the museum town,
thatched houses, bears and salmon,
all that was sacred now sport
for the tourist,
the language like scraps
of glimmering sapless leaves
on autumn gusts,
one blade of grass
stays green as hope

heritage

in this hall of straw
on this raised stage
i'll dance for you
(as you're visiting)
(my esteemed guest)
i'll dance for you
in my bear's skin

is m' anam ann an seice
nathrach nimheil

ach na mo sheice fhìn
tha mi dannsa measg nan craobh
taobh na h-aibhne
cruinn mun lasair
agus
bradan na mo cheum
no buaidh

my soul in the skin
of a venomous snake

but in my own skin
i dance among the trees
beside the river
circling the flame
and
salmon in my step
or triumph

a' chlach

suathaibh mi, a ghaoithean, le
naidheachd às gach àirde: sìnibh orm

suath mi, a ghrèin, do
shoillse teas mo chridhe: sìn orm

suath mi, a ghealach, mo
leigheas na do ghilead: sìn orm

suathaibh mi, a shiantan, ur
frasan ga mo nighe: sìnibh orm

tàmh annam,
sàmhchair

the stone

stroke me, winds, with
news from each quarter: rest on me

stroke me, sun, your
light heats my heart: rest on me

stroke me, moon, my
health in your whiteness: rest on me

stroke me, elements, your
showers wash me clean: rest on me

peace in me,
silence

Taing
Acknowledgements

Buidheachas do Gherda, a thug dhomh an fheadhainn às leth a bheil an leabhar seo ainmichte, agus a thug a gaol agus a creideamh na mo sgrìobhadh dhomh le taic a tha air a bhith buan agus prìseil; do Mhichel Byrne a tha air a bhith air leth misneachail ann an dòigh rianail sheasmhaich.

Bhidheachas cuideachd do dh'Iain MacDhomhnaill Chòmhairle nan Leabhraichean: tha a shùil gheur airson mionaideachd deasachaidh agus a thaic neo-shàrachail do ar litreachas a' tighinn còmhla gus dearbhadh gu ruig briathrachas sgrìobhadairean Gàidhlig clò anns a chruth a dh'iarradh sinn dhaibh.

Nochd 'dèanamh ime' air cairt Latha Nàiseanta na Bàrdachd, foillsichte le Urras Leabhraichean na h-Alba, agus an uair sin ann an *Writing the Wind*, duanaire de bhàrdachd Cheilteach an là an-diugh, air fhoillseachadh le New Native Press, Carolina a Tuath, anns na Stàitean Aonaichte. Nochd an sreath 'bho dhearg gu dubh' anns an duanaire *A Writers' Ceilidh*, air fhoillseachadh le Balnain Books. Nochd dàin eile an Duanaire Fèis Eadar-nàiseanta Bhàrd Ierusaleim (1995) agus sa phàipear-bàrdachd *Skinklin Star*.

Thanks to Gerda, who gave me the dedicatees of this book, and whose love and belief in my writing have been an invaluable and enduring source of support, and to Michel Byrne, whose encouragement has been sustained and consistent.

Thanks also to Ian MacDonald of the Gaelic Books Council: his keen eye for editorial detail and dedication to our literature combine to ensure that the words of Gaelic writers reach print in the way we wish them to.

The poem 'making butter' appeared on a National Poetry Day Card, issued by Scottish Book Trust, and later in Writing the Wind, *an anthology of contemporary poetry published by New Native Press, North Carolina, USA. The sequence 'bho dhearg gu dubh / from red to black' was included in the anthology* A Writers' Ceilidh, *published by Balnain Books. Other poems have appeared in the 1995 Jerusalem International Poets' Festival Anthology and the broadsheet* Skinklin Star.